ENCYCLOPEDIE DE LA VIE SEXUELLE

7-9 ANS

DOCTEUR CHRISTIANE VERDOUX

Gynécologue

Ancien interne des Hôpitaux de Paris

DOCTEUR JEAN COHEN

Gynécologue-accoucheur

Ancien Chef de clinique gynécologique et obstétricale à la Faculté de Médecine de Paris

DOCTEUR JACQUELINE KAHN-NATHAN

Gynécologue

Ancien Chef de clinique gynécologique à la Faculté de Médecine de Paris

DOCTEUR GILBERT TORDJMAN

Diplômé d'études de pédiatrie et de gynécologie

Président de l'Association mondiale de sexologie

Secrétaire général de la Société française de sexologie clinique

Illustrations de

PHILIPPE DAURE

FRANCE LOISIRS

123, boulevard de Grenelle, Paris

Édition du Club France Loisirs, Paris,
avec l'autorisation des Éditions Hachette

Aujourd'hui, Amandine et Florent ne tiennent pas en place. Florent ne cesse de tourner en rond comme un ours en cage et de faire des bêtises. Amandine commence toutes sortes de jeux qu'elle abandonne presque aussitôt ou bien elle entrouvre la porte d'entrée et regarde si elle n'aperçoit rien. – Est-ce que maman arrive bientôt ? demande-t-elle.

– Bientôt, ma chérie, bientôt, répond papa qui s'active depuis un bon moment dans la cuisine. Tu sais bien qu'elle a beaucoup de travail en ce moment. Et puis, qu'est-ce que vous avez, aujourd'hui, tous les deux ?

– Rien... heu, rien... balbutient les enfants.

« Il fait semblant de pas savoir », chuchote Florent à sa sœur. En fait, papa sait très bien que c'est leur anniversaire. Même qu'ils vont avoir sept ans tous les deux. Ce qui est normal puisqu'ils sont jumeaux. D'ailleurs, Amandine a aperçu un énorme gâteau dans le réfrigérateur, avec tout plein de bougies. Le problème, c'est les cadeaux. D'habitude, papa et maman les cachent dans leur chambre, sous l'armoire. Amandine et Florent profitent de leur absence pour regarder les paquets ; ils les soupèsent, les secouent, les palpent afin de deviner ce qu'il y a à l'intérieur. Mais cette fois, il n'y avait rien. Et pourtant, ils ont fouillé partout.

– Ils ont peut-être oublié, soupire Florent qui a le chic pour toujours imaginer des catastrophes.

– Tu plaisantes ! Ils ne nous oublieront jamais, répond vivement Amandine. Ils nous aiment trop.

N'empêche que c'est bizarre. Ils vérifient sur le calendrier. Pas de doute, c'est bien aujourd'hui leur anniversaire. Ils en concluent que c'est probablement maman qui achètera les cadeaux au dernier moment. C'est pour ça qu'ils n'ont rien trouvé.

Lorsque maman rentre, il est tard. Elle a les bras chargés de sacs. Les deux enfants l'embrassent et s'empressent de l'aider.

– Ça fait plaisir de voir que vous avez envie de m'aider, dit maman qui se doute que cet enthousiasme cache quelque chose.

Amandine et Florent n'ont qu'une hâte : découvrir *leurs* cadeaux. Ils déballent tout

sur la table ; il y a de la viande, des légumes, des fruits, des boîtes de conserve, du riz, des pâtes, et puis encore des fruits. Mais quand ils ont tout rangé, c'est le drame. Rien qui ressemble à un cadeau.

– Et notre anniversaire ! crie presque Florent qui est si déçu qu'il en a les larmes aux yeux.

– Oui… notre anniversaire… et nos cadeaux ? soupire Amandine. (Elle sait que c'est mal de demander mais c'est plus fort qu'elle. Elle est bien trop inquiète.)

– Ah oui ! c'est vrai… les cadeaux, déjà ? s'interroge maman.

– Oh, bon sang ! … les cadeaux ! dit papa amusé. Je crois en avoir vu quelque part dans la maison, mais je ne me souviens plus très bien où.

– Peut-être sous notre armoire ? dit maman en clignant de l'œil à papa.

– Non, y'en a pas. On a déjà regardé, disent en chœur les enfants qui se mordent aussitôt les lèvres. Quels idiots, ils viennent de dévoiler leur secret.

– Tiens, tiens, vous avez déjà regardé, dit papa en riant. Bon, eh bien, puisqu'il n'y pas de cadeaux sous notre armoire, c'est peut-être qu'il y en a… sous votre lit.

Ça alors ! C'est le seul endroit où ils n'ont pas regardé. Amandine et Florent disparaissent aussitôt et plongent sous leur lit. Ils reviennent avec deux énormes paquets, si gros que c'est incroyable qu'ils ne les aient pas aperçus plus tôt. Amandine découvre une maison de poupée et Florent une panoplie de magicien avec des instruments pour faire des tours. Tout le monde s'embrasse joyeusement et danse autour des paquets ouverts.

– Je crois même, dit maman, que vous avez oublié un autre cadeau. Mais il est pour tous les deux, celui-là.

Florent se précipite dans la chambre, fouille et revient en effet avec un minuscule paquet qu'il offre à sa sœur. Amandine défait soigneusement le papier et aperçoit un livre-cassette,

– Chouette, une cassette de Perlinpinpin ! s'écrient les enfants. Perlinpinpin est leur héros favori. C'est un petit bonhomme

rond comme une bille, avec de gros yeux verts et un chapeau melon. Il leur a déjà appris sur d'autres livres-cassettes à jouer aux échecs, à fabriquer un cerf-volant ou bien encore la méthode pour construire un vrai boomerang.

Florent va chercher le magnétophone et il introduit la précieuse cassette. Perlinpinpin les salue aussitôt au son d'une musique qu'ils connaissent bien et qui les fait beaucoup rire.

– Bonjour, les enfants. Je suis heureux de pouvoir bavarder avec vous. Aujourd'hui, nous allons apprendre ensemble des choses très sérieuses. Nous allons parler, si vous êtes d'accord, de la naissance d'un bébé.

Les deux enfants se regardent, intrigués. Drôle de cadeau ! Papa et maman s'assoient à leur côté et tous écoutent Perlinpinpin en tournant les pages du livre.

– Vous vous êtes sûrement demandé, en croisant par exemple une dame avec un gros ventre et qui « attendait un enfant », comment une telle chose était possible. Comment un enfant peut-il vivre dans le ventre de sa maman et comment fait-il pour en sortir ? Eh bien, je vais vous expliquer.

Les bébés, vous le savez peut-être, sont fabriqués, oui, fabriqués par le papa et la maman. Et ils se servent pour cela de certaines parties de leur corps qu'on appelle les organes sexuels. Ces organes, de même que le cœur, les poumons et le cerveau, travaillent sans arrêt, mais on ne les voit pas fonctionner.

C'est un peu comme la voiture de vos parents. Si vous la regardez, vous ne voyez rien qui puisse expliquer comment elle fait pour avancer. Pour comprendre le mécanisme, il est nécessaire de soulever le capot et d'observer à l'intérieur les pièces du moteur. Certaines de ces pièces sont si petites qu'elles ne se voient qu'à l'aide d'une loupe.

Eh bien, pour décrire le fonctionnement des organes sexuels, il faut faire comme si on soulevait la peau et les muscles qui les recouvrent. Seulement, les éléments les plus petits du corps humain ne se voient eux, qu'au microscope, sorte de loupe puissante. Et ils constituent un monde passionnant, compliqué, admirable !

Ce microscope nous sera indispensable pour voir et étudier ce qui est infiniment petit. Chaque fois que nous l'utiliserons, vous verrez un microscope à côté du dessin.

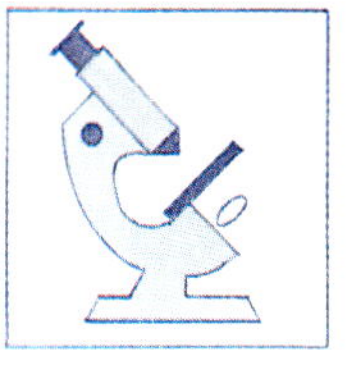

Et maintenant, sans plus attendre, nous allons comparer les hommes et les femmes, les garçons et les filles...

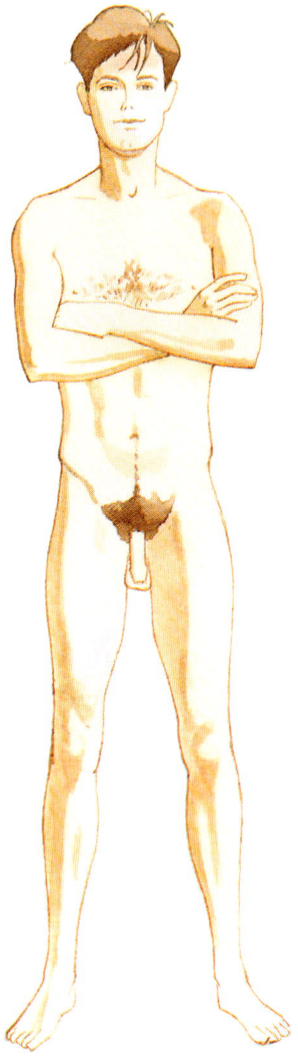 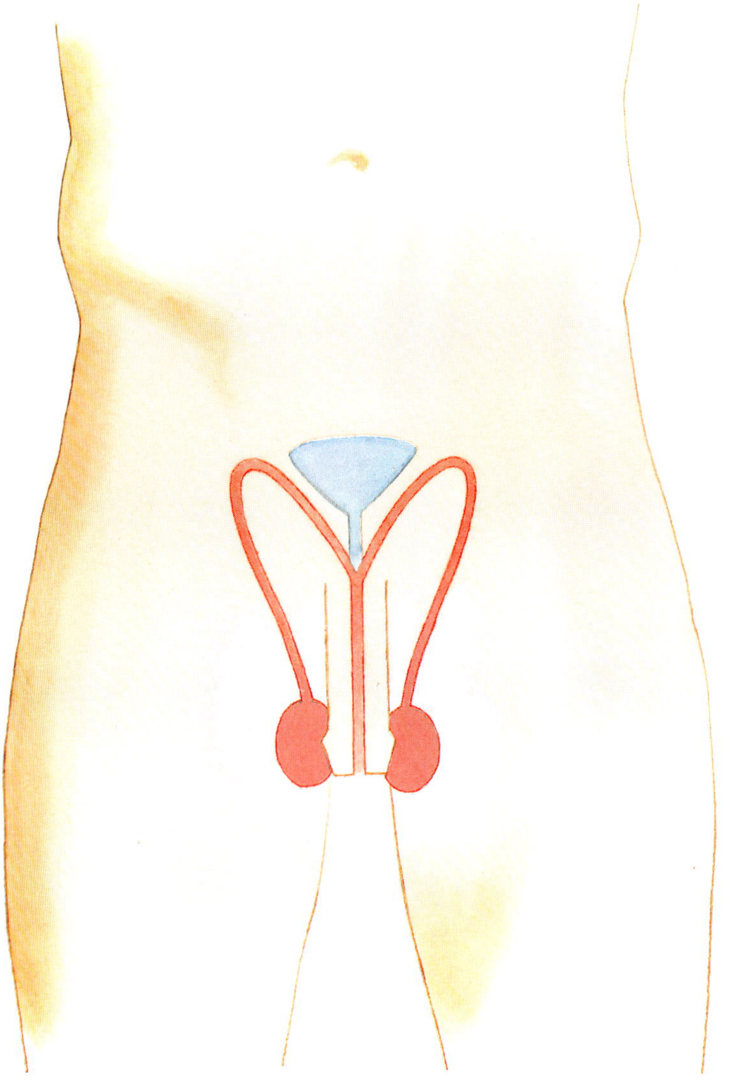

Regardez ce dessin d'un homme nu. L'homme a les épaules larges, des hanches étroites, des poils sur la poitrine et au bas du ventre. Les petits garçons, eux, n'ont pas encore de poils mais ils ont, comme leur papa et comme tous les hommes, une sorte de tuyau, la verge, qui sert à faire pipi et qui sert aussi, nous le verrons, à faire l'amour. Sous la verge, dans une sorte de petit sac, se trouvent deux boules appelées les testicules. Souvent, les garçons appellent ça des couilles ; mais leur vrai nom, c'est testicules.

Les testicules et la verge ne sont qu'une partie des organes sexuels. Nous allons regarder maintenant à l'intérieur de l'homme. Vous voyez sur le dessin deux tubes recourbés, très fins, qui partent des testicules. Les deux tubes se rejoignent un peu plus haut dans le ventre et se jettent dans un autre tube. C'est par là que le pipi, appelé aussi urine, s'écoule dans la verge.

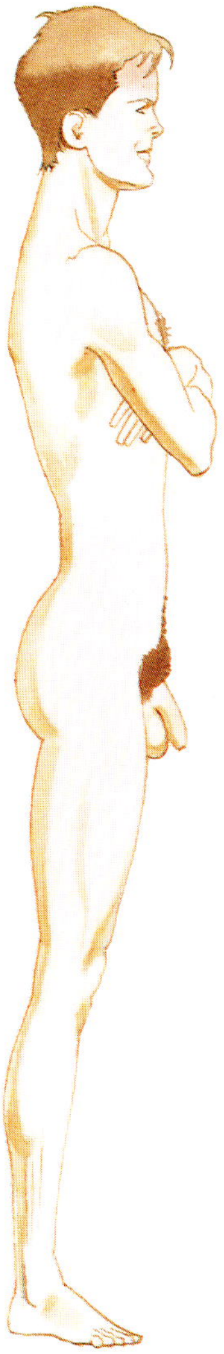

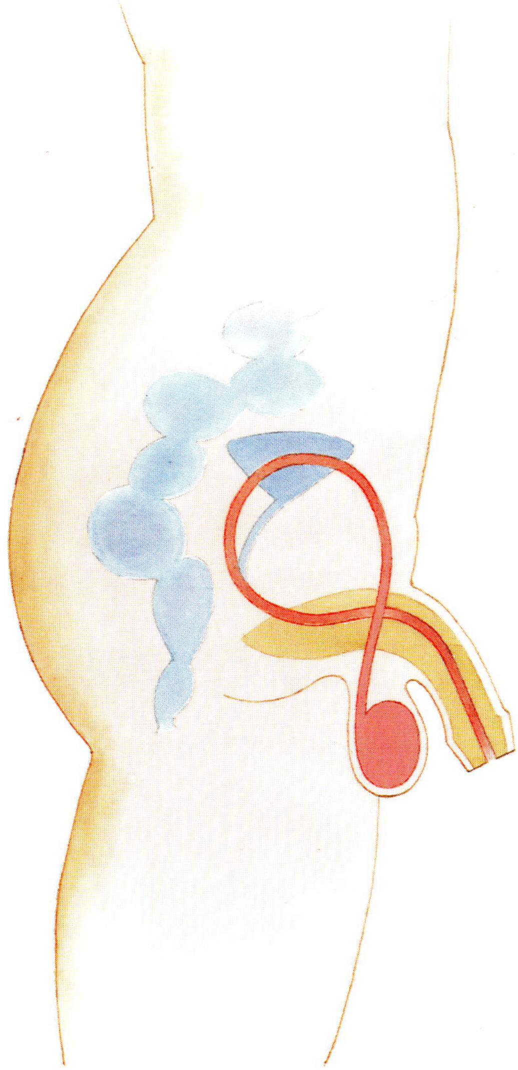

L'urine est le seul liquide qui coule de la verge du petit garçon. Mais quand il sera plus grand, il découvrira un autre liquide qui gicle quelquefois de sa verge et qui ne se mêle jamais à l'urine. Ce liquide vient des testicules. On l'appelle le sperme. Si vous regardez une goutte de sperme au microscope, vous voyez s'agiter une multitude de cellules avec une grosse tête et une longue queue frétillante. Ce sont des spermatozoïdes. Ça, parole de Perlinpin-

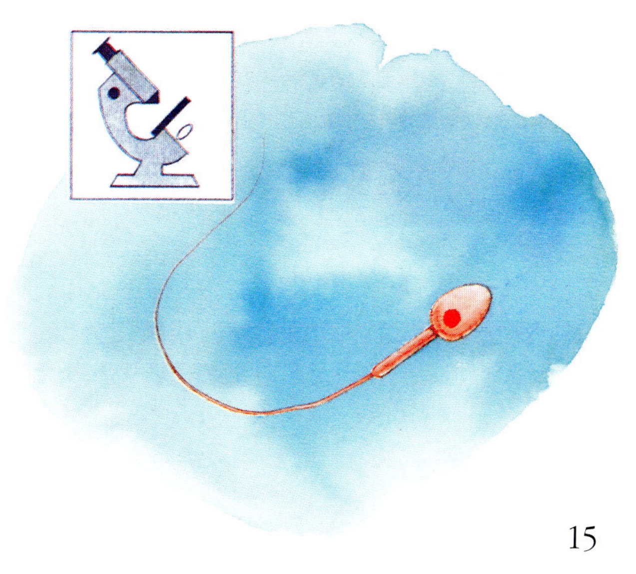

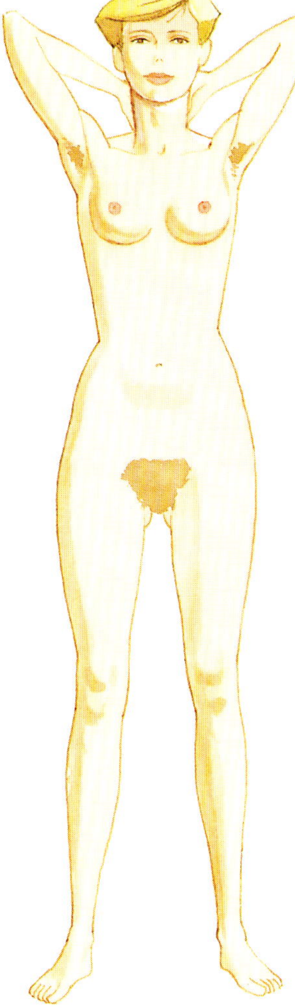

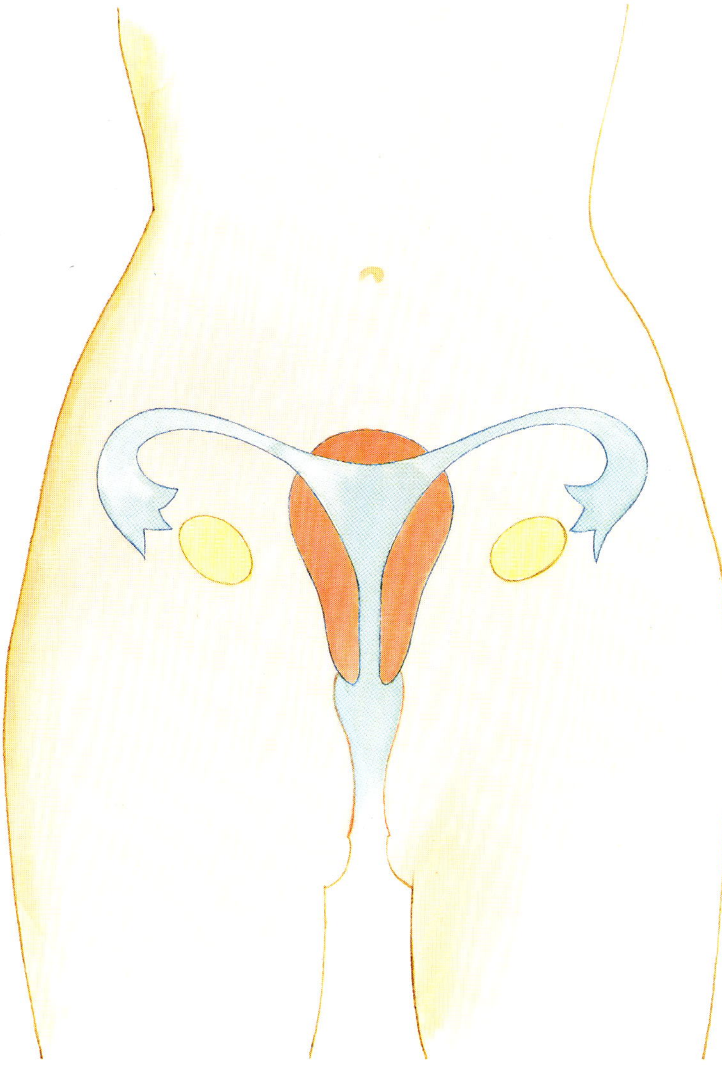

pin, c'est un mot compliqué ! Eh bien, pour qu'un bébé soit créé, il faut qu'un spermatozoïde rencontre une autre cellule sexuelle qui, elle, se trouve chez la maman, et qu'on appelle ovocyte.

Regardons maintenant une femme toute nue. Elle est généralement plus petite que l'homme, elle a les épaules plus étroites, mais les hanches plus larges. Et ses seins ne sont pas plats comme chez l'homme, mais renflés et charnus.

Au bas du ventre, la femme a des poils comme l'homme, mais aussi une petite fente qu'on appelle la vulve. À l'intérieur du ventre, la vulve se continue par le vagin. C'est un canal qui communique avec l'utérus, sorte de poche qui a la forme d'une poire renversée : c'est là que se développe le bébé. En haut de l'utérus, de chaque côté, il y a un tube long et étroit qu'on appelle la trompe car il ressemble à une trompette. Sa partie évasée donne

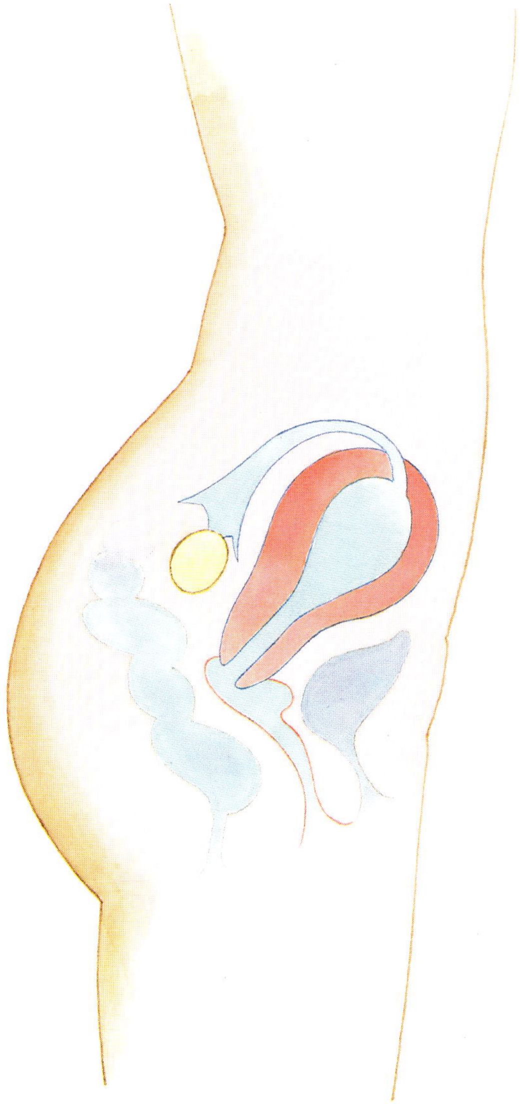

devant une boule. Il y en a une de chaque côté : ce sont les ovaires.

En regardant les ovaires au microscope, vous découvrez un grand nombre de points minuscules, gros comme des têtes d'épingles. Ces points sont des futurs ovocytes. Ceux-ci mûrissent peu à peu, comme les fruits. Et, chaque mois, un ovocyte mûr sort de l'ovaire pour descendre, par le petit tube, jusque dans l'utérus. Cet ovocyte devra rencontrer un spermatozoïde pour que soit créé un bébé.

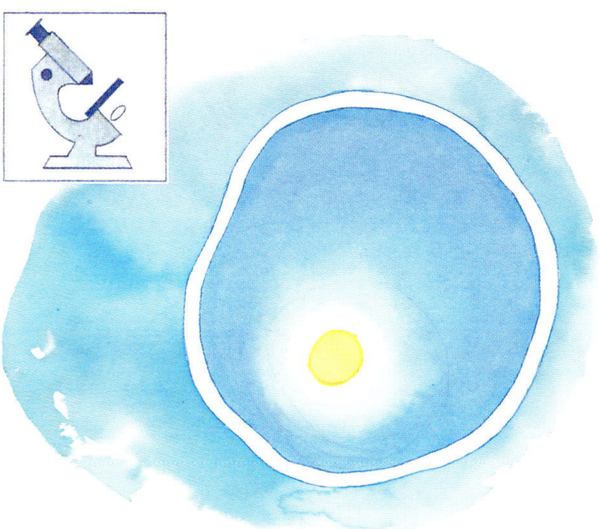

Maintenant, nous allons voir comment le spermatozoïde de l'homme et l'ovocyte de la femme se rencontrent pour former un bébé. Pour cela, il faut que l'homme et la femme fassent l'amour. C'est une chose très naturelle et les gens qui s'aiment adorent faire l'amour ensemble. Ils se

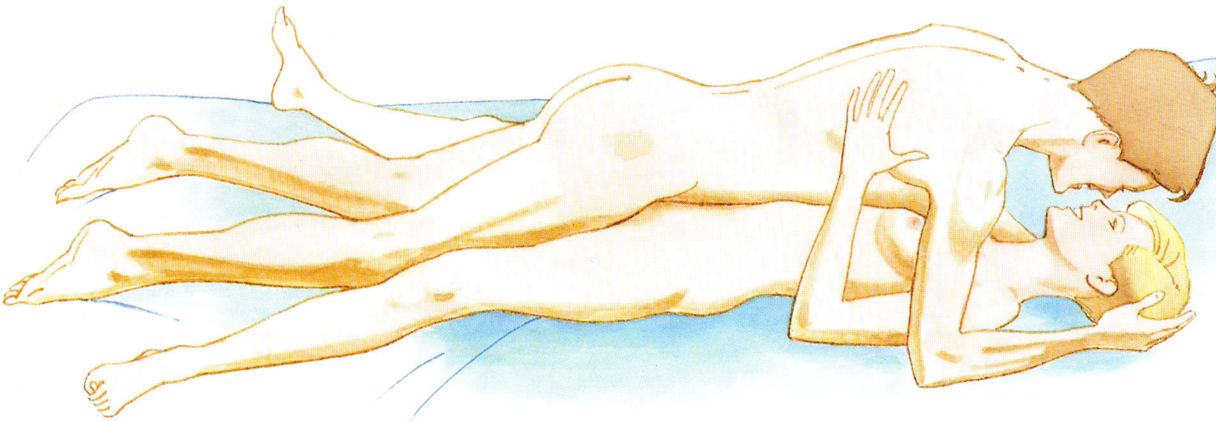

déshabillent, s'embrassent, se caressent, se serrent l'un contre l'autre, et puis il arrive un moment où l'homme et la femme ont envie de se mêler plus intimement, afin d'avoir encore plus de plaisir. La verge de l'homme se durcit et se gonfle pour pouvoir pénétrer dans le vagin de la femme. Ce moment est souvent un moment de grand bonheur. Les parents ressentent du plaisir sexuel — un plaisir qui peut durer longtemps et qu'on peut éprouver plusieurs fois de suite.

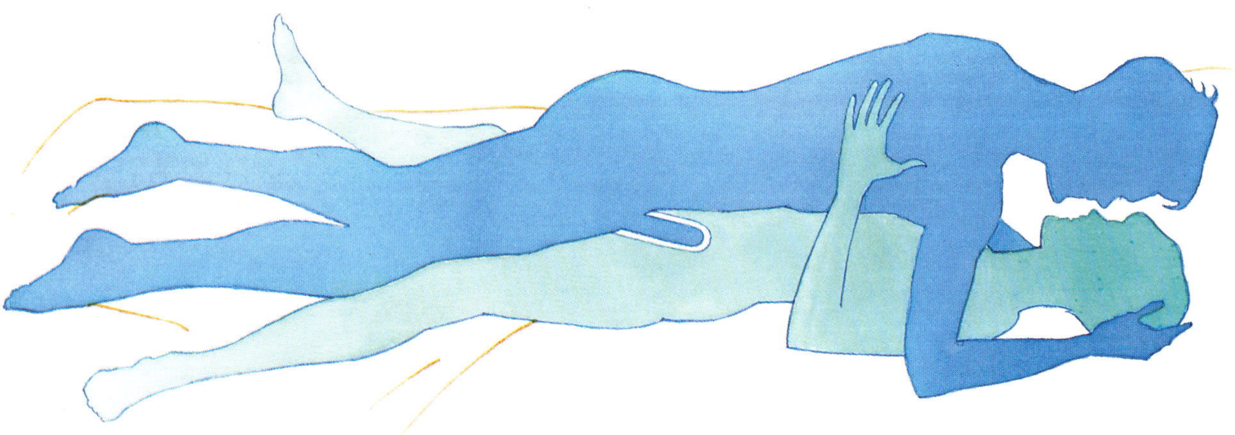

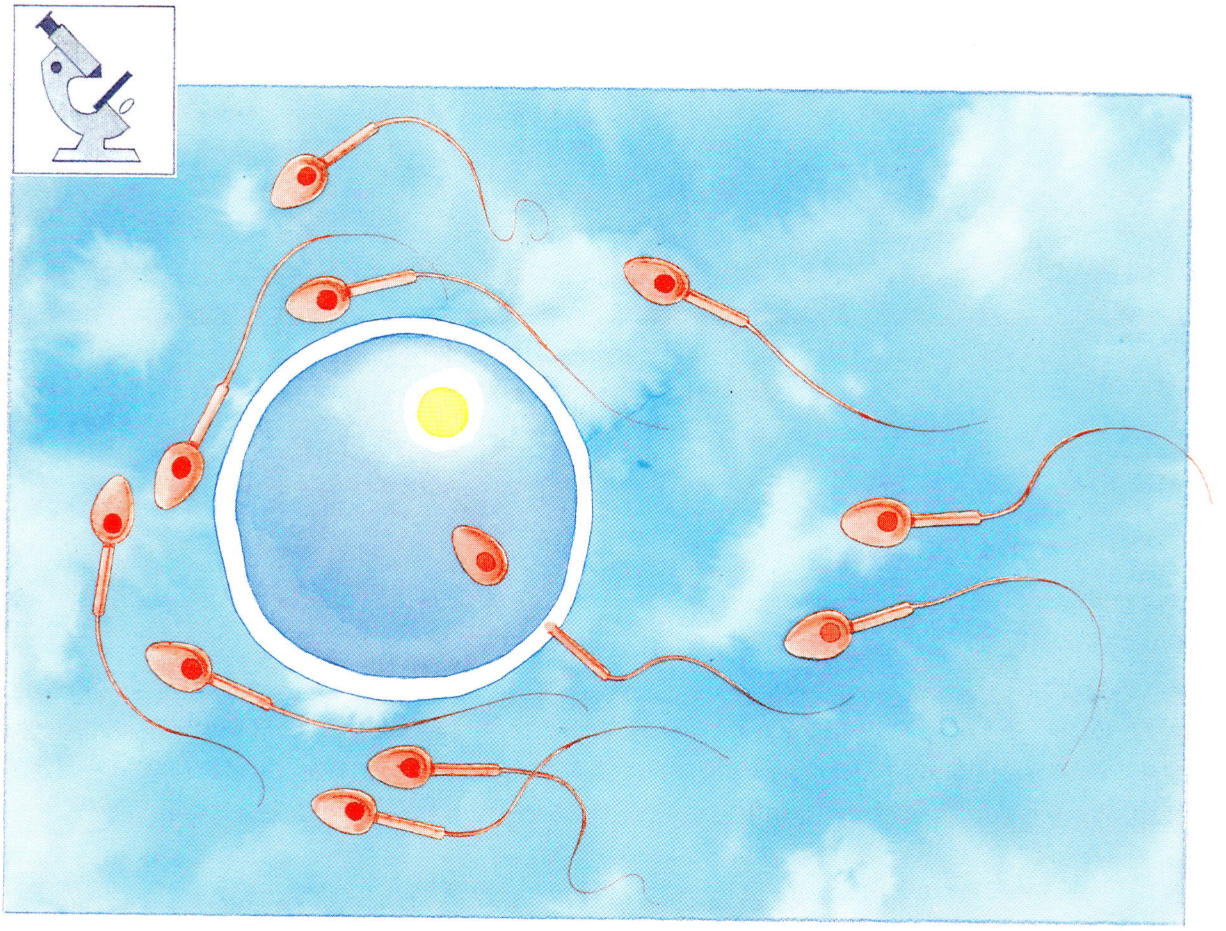

Au moment où le plaisir est le plus vif, les spermatozoïdes sortent de la verge de l'homme. Ils entrent dans le vagin de la femme, puis dans l'utérus, et remontent dans la trompe où, une fois par mois, l'un d'entre eux pourra rencontrer un ovocyte mûr, descendu de l'ovaire. De leur rencontre naîtra un bébé.

Mais un homme et une femme n'ont pas un enfant chaque fois qu'ils font l'amour. Le plus souvent, ils décident d'avoir un enfant s'ils sont sûrs de s'aimer vraiment et parce que c'est la chose qu'ils souhaitent le plus au monde. Pour cela, ils attendent de se connaître mieux ; ils vont souvent danser ou dîner au restaurant. Ils s'offrent des vacances, partagent souvent le même appartement afin de savoir s'ils sont vraiment faits pour vivre ensemble.

Quand ils font l'amour, au début, et parce qu'il est trop tôt pour qu'ils aient un enfant, ils prennent des précautions. La femme avale tous les jours une pilule qui empêche d'avoir des bébés, ou bien l'homme entoure sa verge d'un étui en caoutchouc très fin. On appelle cet étui un préservatif. Comme ça, ils peuvent continuer à se donner du plaisir sans risque d'avoir un enfant. Car le plaisir est une chose qu'on découvre et qu'on apprécie toute la vie. Les bébés et les jeunes enfants, aiment se caresser, toucher leurs organes sexuels. Les garçons et les filles de votre âge aussi aiment bien se caresser, se regarder nus dans la glace, ou jouer à découvrir ensemble leur corps.

Ce n'est que vers la puberté que le jeune garçon et la jeune fille peuvent faire l'amour. Et comme ils sont encore des adolescents, ils ne désirent pas encore avoir des enfants. La fille prend la pilule ou le garçon met un préservatif.

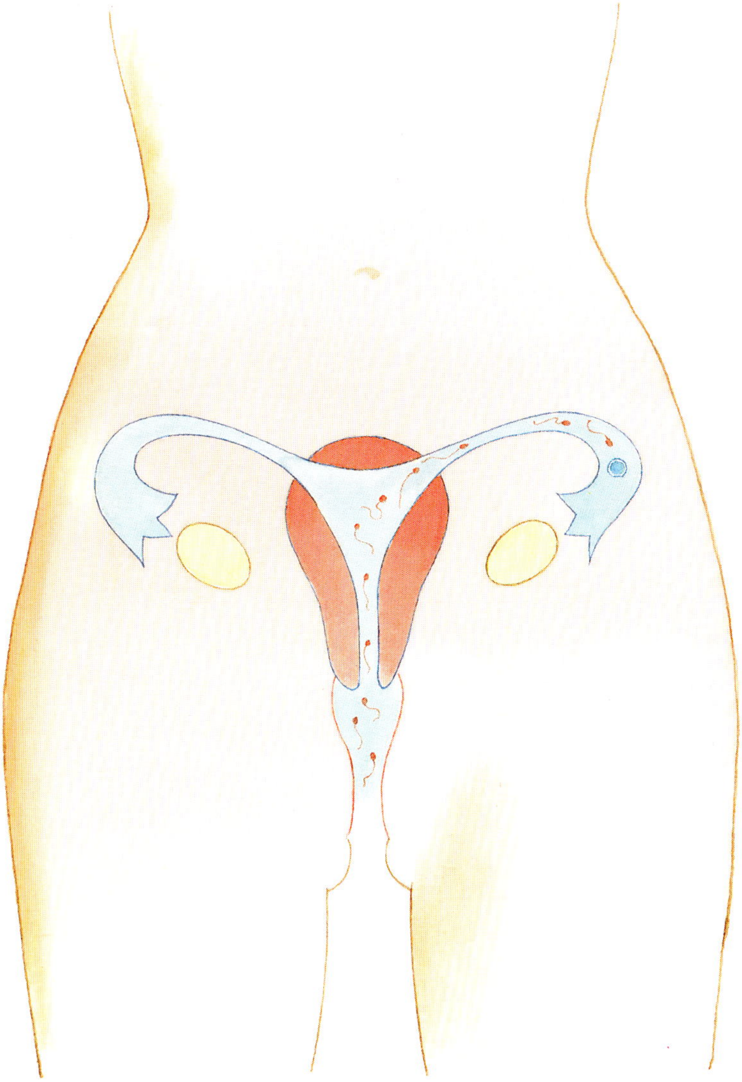

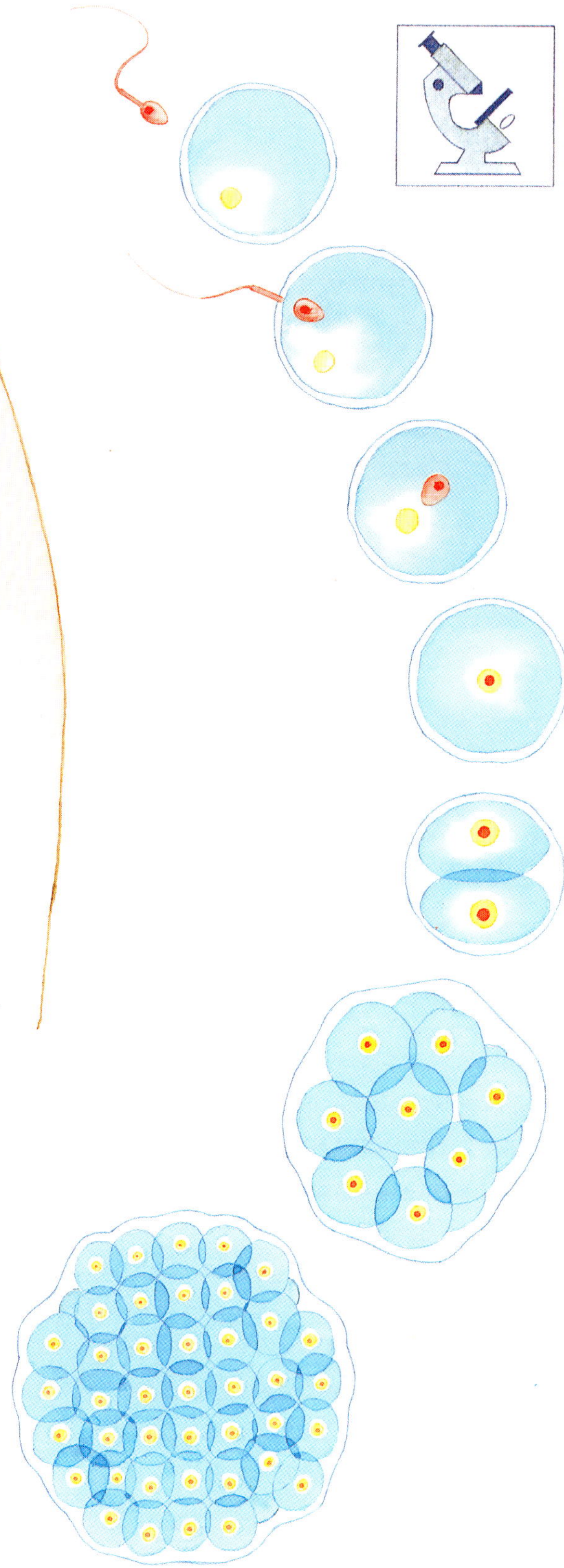

– Revenons maintenant à notre petit spermatozoïde et à l'ovocyte, dit Perlinpinpin. L'homme et la femme ont fait l'amour. Ils se reposent tendrement l'un contre l'autre. Pendant ce temps, dans le ventre de la femme, le spermatozoïde a rencontré un ovocyte. Regardez bien le dessin : un bébé va se former. Le spermatozoïde se colle à l'ovocyte. Ils forment, en se mélangeant, une petite boule qu'on appelle œuf.

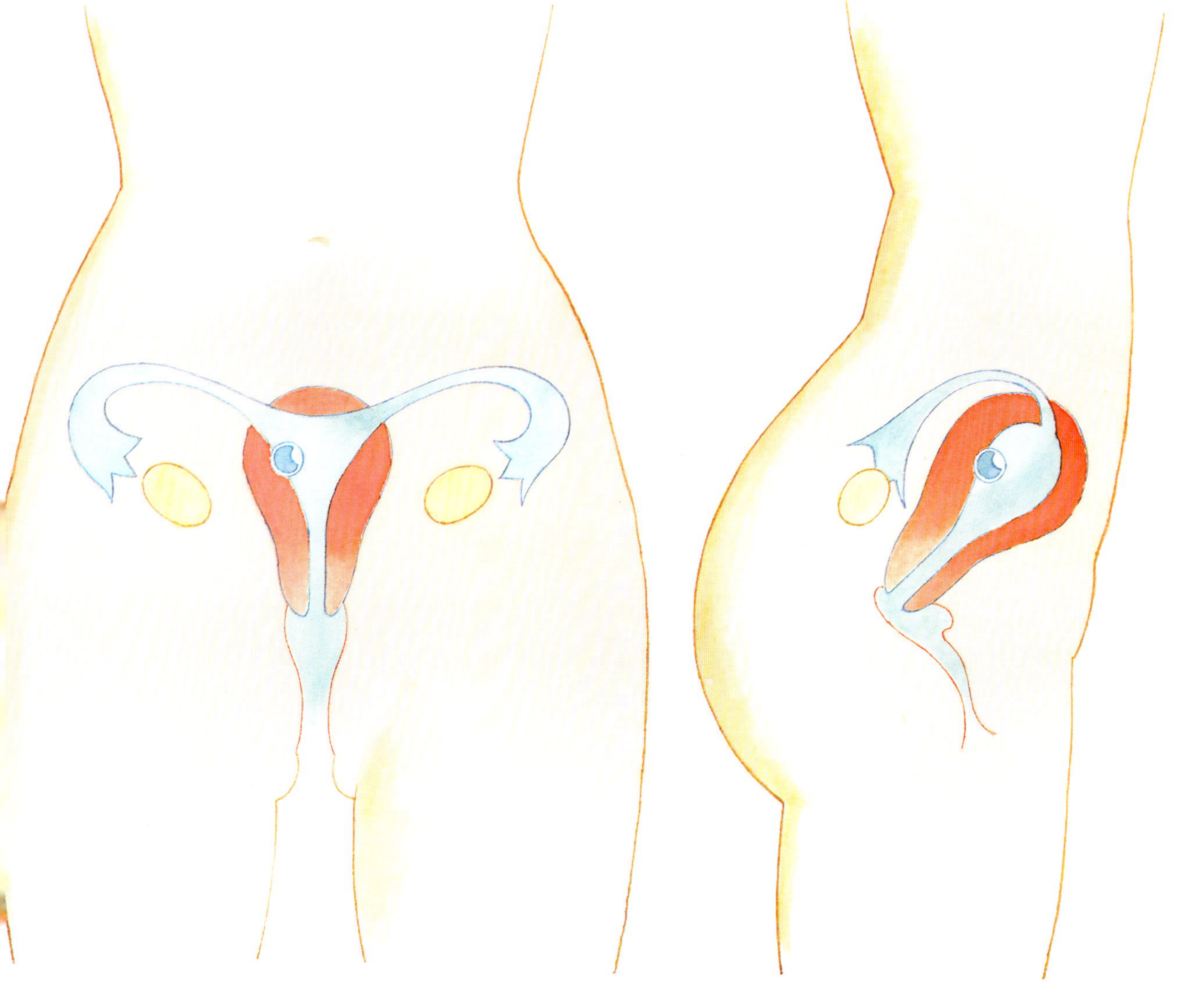

L'œuf se divise en deux parties, puis en quatre, puis en huit, et ainsi de suite. Mais ces parties restent soudées les unes aux autres ; c'est maintenant une boule irrégulière, moins grosse qu'une tête d'épingle.

Puis l'œuf grossit encore et se déplace dans le tube. Il se dirige vers l'utérus. Le papa et la maman ont créé un futur petit garçon, ou peut-être une future petite fille.

Une fois dans l'utérus, l'œuf se fixe à la paroi et ne bouge plus. Le sang de la maman circule dans la paroi de l'utérus. Le sang apporte à l'œuf tous les produits dont il a besoin pour grossir. L'œuf grossit toujours et change de forme. Il devient lentement un tout petit être humain. Bien au chaud dans cette grande poche, il va se développer.

Neuf mois après la rencontre du spermatozoïde et de l'ovocyte, le bébé est prêt à naître. Cette période de neuf mois, c'est pour la maman le temps de la grossesse.

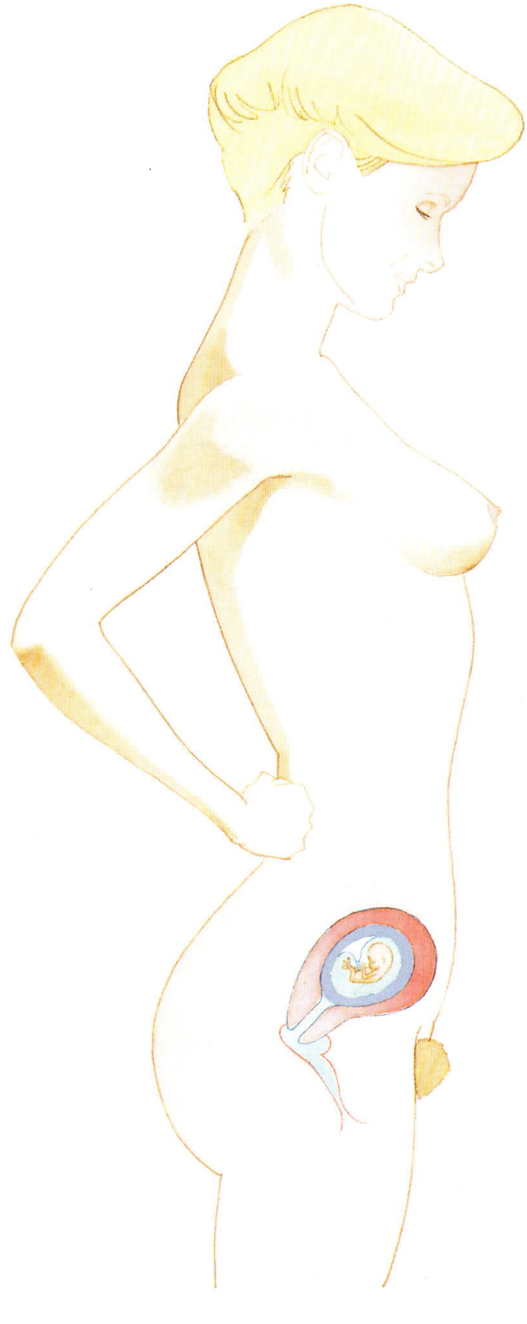

Pendant les quatre premiers mois de la grossesse, le bébé se forme. Mais il est tout petit. À ce moment-là, si la maman se regarde, elle ne voit rien de plus que d'habitude. Elle a gardé sa « ligne ».

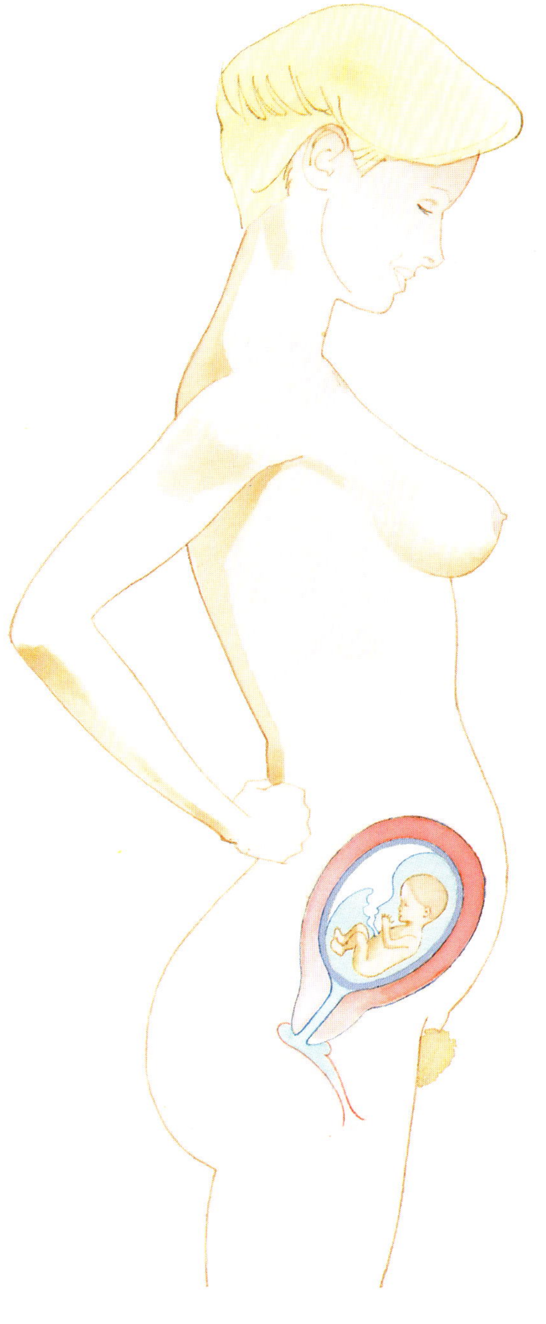

Au bout de quatre mois, le bébé est devenu plus grand, et l'utérus, qui est élastique, se distend progressivement. C'est l'époque où la maman découvre un petit renflement au bas de son ventre.

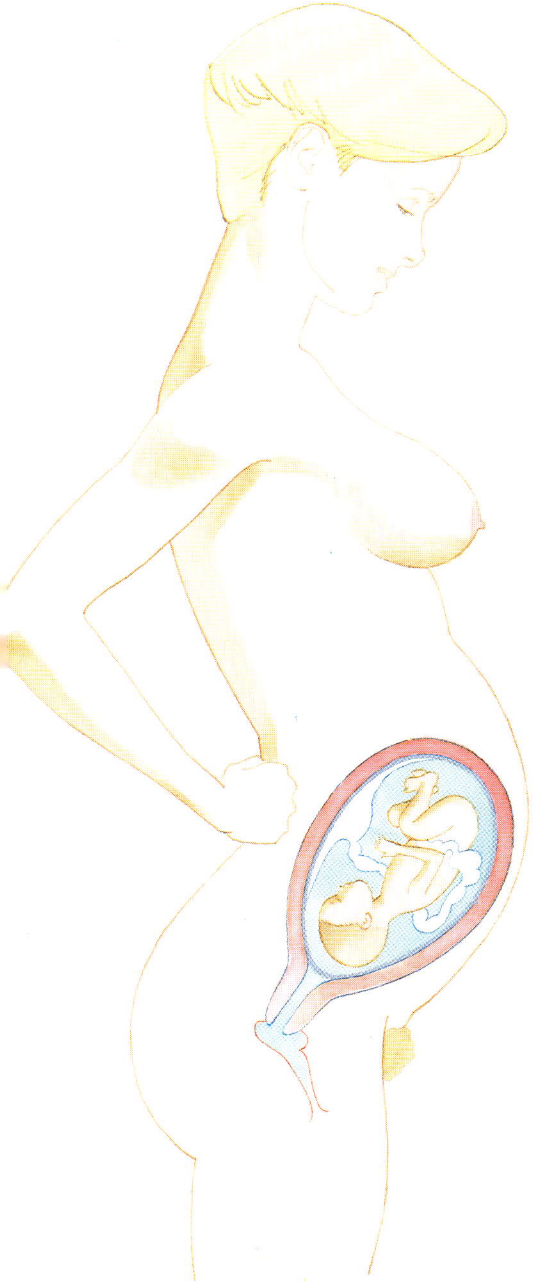

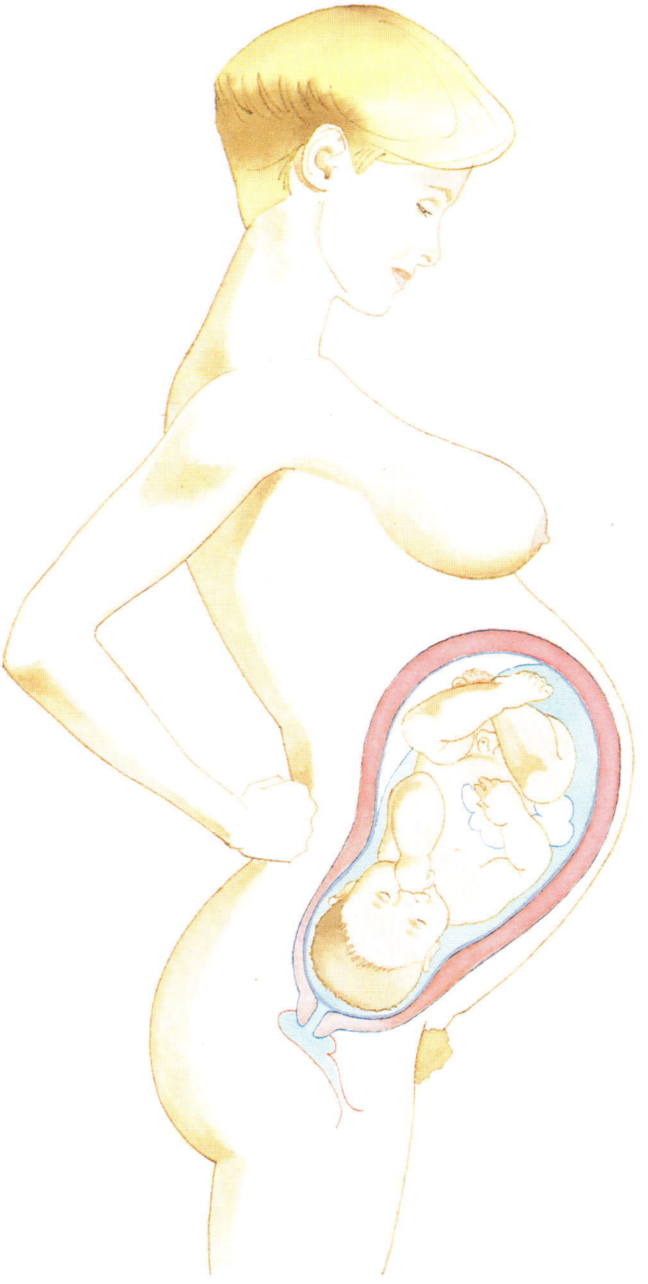

À la fin du sixième mois, le bébé pèse près d'un kilo et mesure de vingt à trente centimètres. Cette fois, le ventre de la maman devient très rond. Elle le cache un peu en portant des vêtements très larges.

Le bébé, pour tenir le moins de place possible, se pelotonne dans l'utérus. On dirait un petit chat endormi. Il bouge souvent, mais il garde presque toujours la tête en bas.

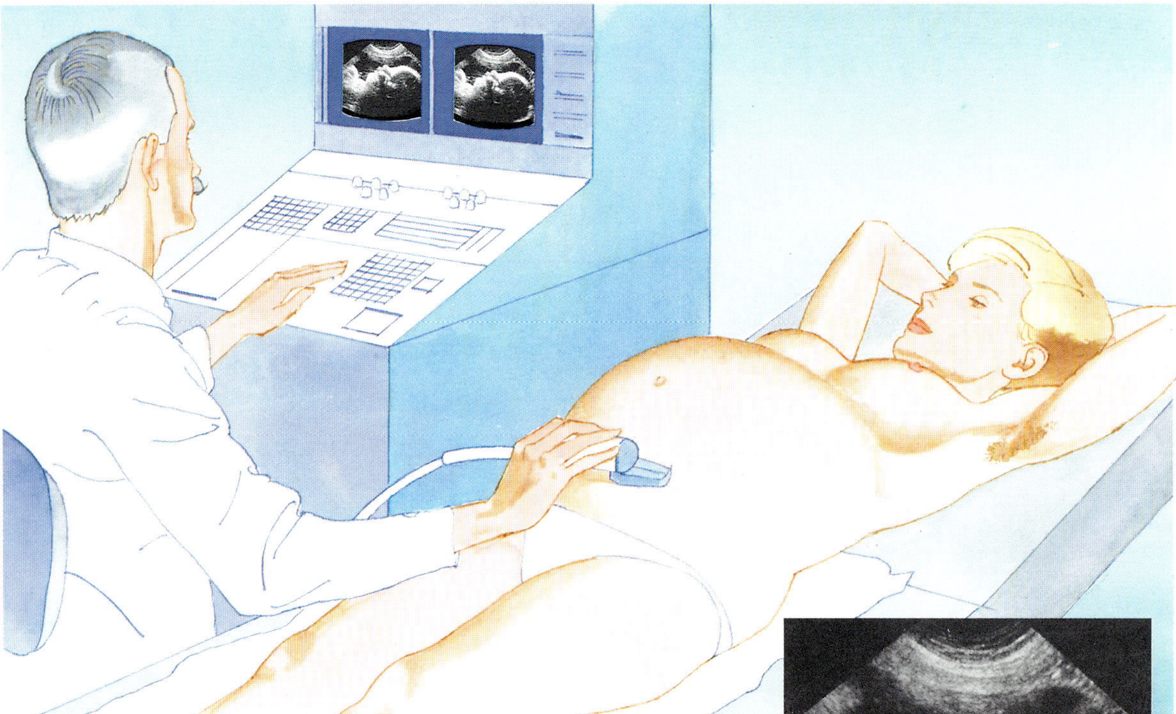

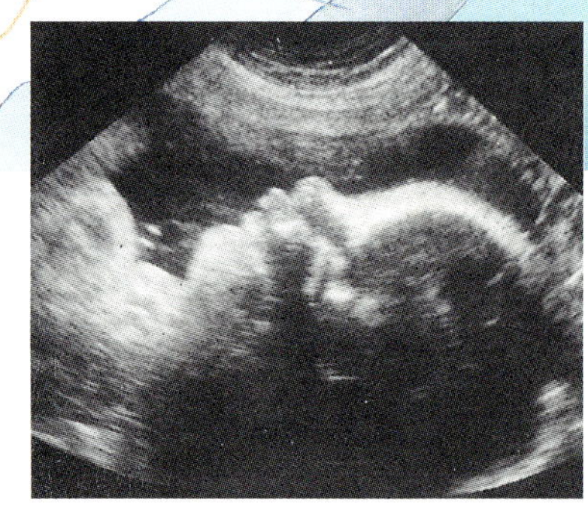

– Jadis, reprend Perlinpinpin, les parents ne pouvaient pas connaître le sexe de leur enfant avant qu'il soit né. Ils ignoraient s'ils allaient avoir un garçon ou une fille. Mais aujourd'hui, quand ils le désirent, ils peuvent le savoir, grâce à l'échographie qui permet de voir à l'intérieur du ventre de la maman. Comme ça, dès le quatrième mois de la grossesse, ils savent s'ils auront un garçon ou une fille.

Car le bébé a un sexe dès le début de la grossesse. Cela dépend du spermatozoïde qui a rencontré l'ovocyte : en effet la moitié des spermatozoïdes peut fabriquer un garçon, et l'autre moitié une fille.

Garçon ou fille, le bébé est maintenant apte à vivre tout seul. L'utérus va alors se contracter pour pousser le bébé dehors.

La maman sentira immédiatement les contractions de l'utérus. Ce sont d'abord des contractions légères et espacées ; mais la maman comprendra que la naissance du bébé, l'accouchement, commence. Elle a prévu ce jour depuis longtemps. Avec papa, elle a rangé les affaires de bébé dans une valise. Et tous les deux se rendent à la maternité. Là, une dame, la sage-femme, qui aide à mettre les enfants au monde, accueillera la maman et elle l'assistera tout le temps, jusqu'à l'arrivée du bébé.

La maman n'a pas peur de l'accouchement. Depuis quelques mois, elle a suivi les leçons que la sage-femme ou le méde-

cin donnent aux futures mamans. Ils leur montrent sur les dessins, comment se déroule la naissance. Et aussi ce qu'elles doivent faire pour que tout se passe bien.

La maman a compris que, pour l'accouchement, il faut être en forme. Alors, elle s'est entraînée.

D'abord, elle a appris à respirer très profondément et très régulièrement, pour que l'oxygène arrive bien dans tous ses muscles. Elle a fait aussi de la gymnastique. C'est une gymnastique spéciale, très facile, et qui rend le corps plus souple. La maman arrive très vite à faire les mouvements sans aucune fatigue.

Enfin, comme les sportifs, elle s'est privée de tout ce qui pourrait lui faire mal. Elle mange des plats légers, sans sauce, pour ne pas prendre de poids. Elle boit le moins possible de vin et de café, et elle a cessé de fumer. Car le vin, le café et le tabac font du mal au bébé.

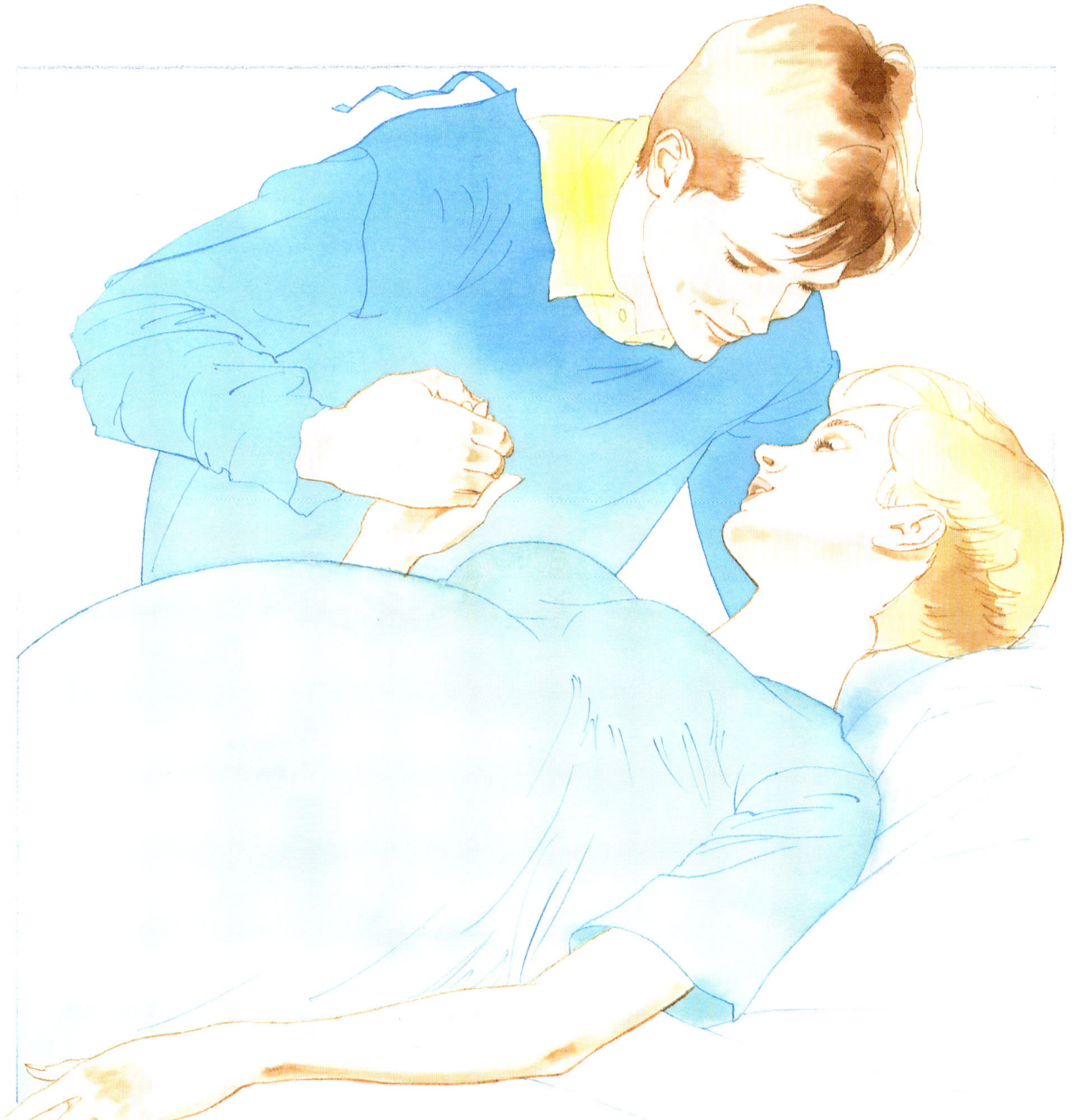

– Maintenant les enfants, dit Perlinpinpin, soyez très attentifs car nous allons assister à un moment merveilleux : l'accouchement va commencer. La maman est couchée sur un lit, entourée de papa et de la sage-femme. Elle n'a pas peur ; au contraire, elle est heureuse.

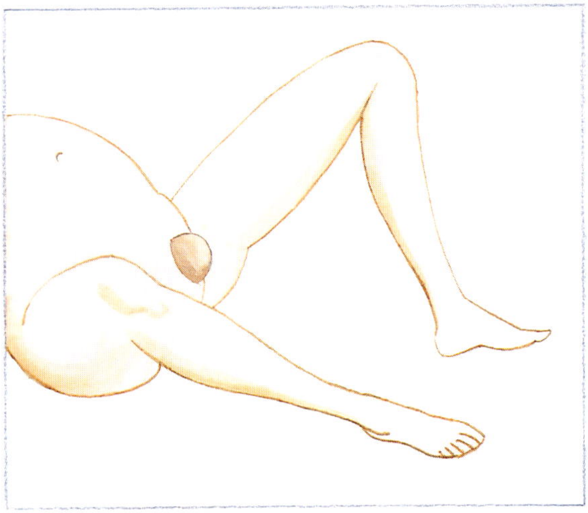

D'abord, l'utérus commence à se contracter et à s'ouvrir, très lentement. Puis il se contracte de plus en plus fort et de plus en plus vite. Le bébé progresse vers la sortie ; mais, comme l'ouverture se fait lentement, il avance avec peine. Lorsque l'ouverture est complète, la maman, pour l'aider, pousse à chaque contraction. Comme elle s'est exercée à respirer tranquillement, elle ne s'essouffle pas.

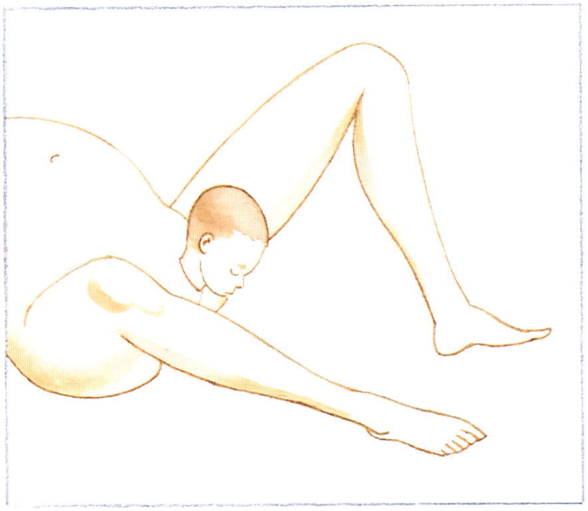

Le bébé avance, avance ; et enfin sa tête arrive devant l'ouverture du vagin, entre les cuisses de la maman. Cette ouverture se distend, car la peau est souple.

Quand la tête du bébé apparaît, la sage-femme ou le médecin l'aident à sortir.

Et voilà le bébé dehors ! Un cordon, qui part de son ventre, le relie encore à l'utérus de la maman. C'est le cordon ombilical qui, depuis neuf mois, lui a apporté la nourriture dont il avait besoin.

La sage-femme coupe le cordon. Cela ne fait mal ni à la maman ni au bébé. Le bébé gardera seulement une cicatrice : c'est le nombril.

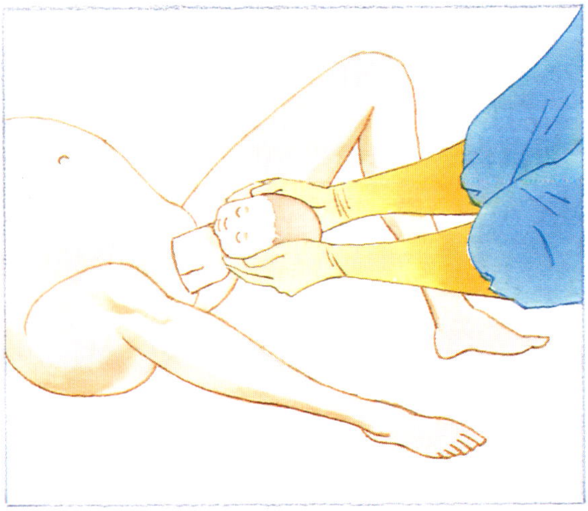

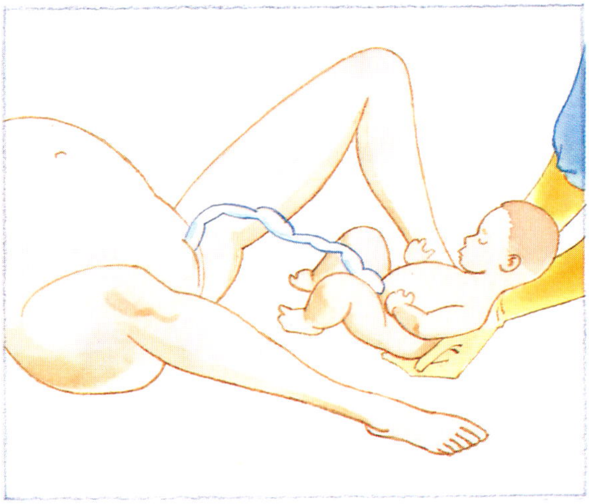

Le bébé respire pour la première fois, pousse un cri. La sage-femme le montre à sa maman, qui est fatiguée mais heureuse. C'est fini, maman va maintenant dormir avec son bébé tout près d'elle. Et le papa, lui, est si fier et si heureux qu'il doit aller se promener pour se calmer un peu. Il a envie de chanter à tue-tête et de dire à tout le monde qu'il vient d'avoir un enfant.

Maintenant dans le monde des hommes, le bébé est bien petit et bien fragile, il est incapable de se débrouiller tout seul. Il a froid. La sage-femme l'habille et le met dans son berceau. Il a faim en même temps, mais il ne sait pas se nourrir. Sa maman va lui donner du lait qui, aussitôt après l'accouchement, a commencé à gonfler ses seins. Elle peut aussi, si elle préfère, lui donner un biberon. Mais dans ce cas, c'est parfois le papa qui se charge de cette tâche.

Papa et maman, dans les semaines et les mois qui viennent, seront très occupés. Car ils devront peser le bébé, le mesurer pour être sûrs qu'il grandit et qu'il grossit. Comme il se salit, ils devront aussi le laver et changer ses couches. Quel travail ! Mais aussi quel plaisir ! Grâce à ce bébé, les parents se sentent encore plus proches l'un de l'autre et s'aiment davantage.

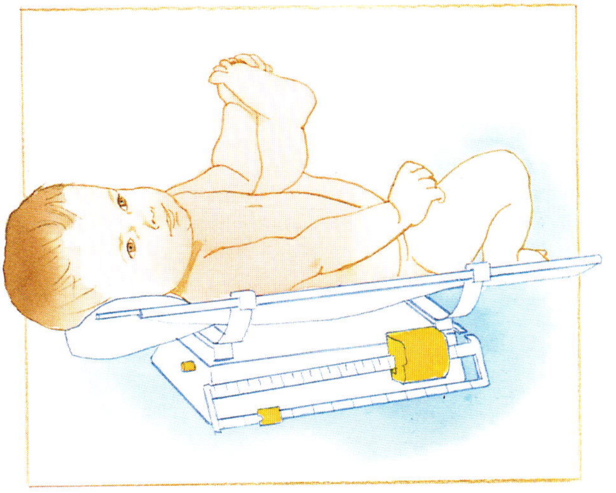

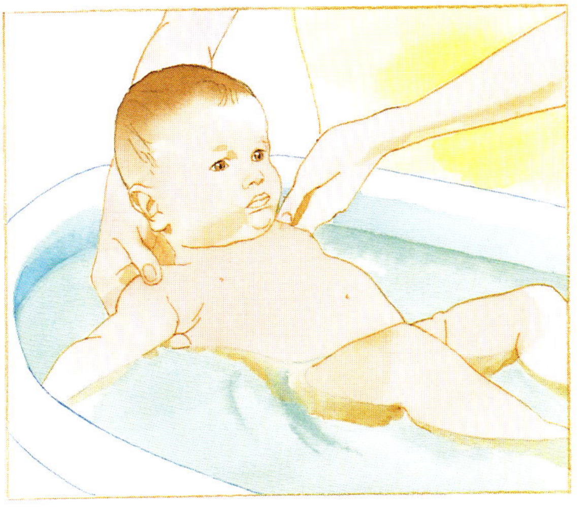

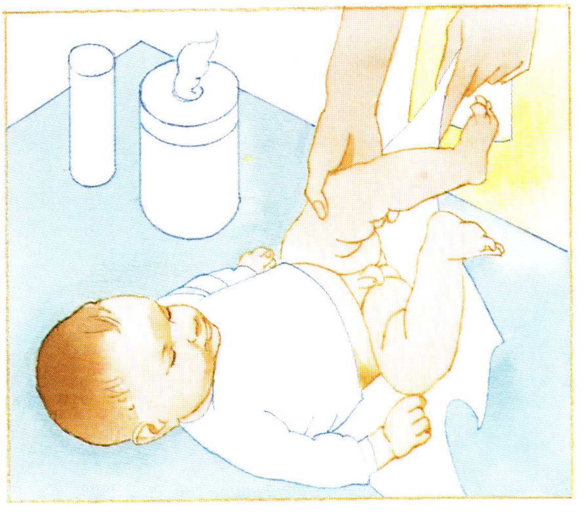

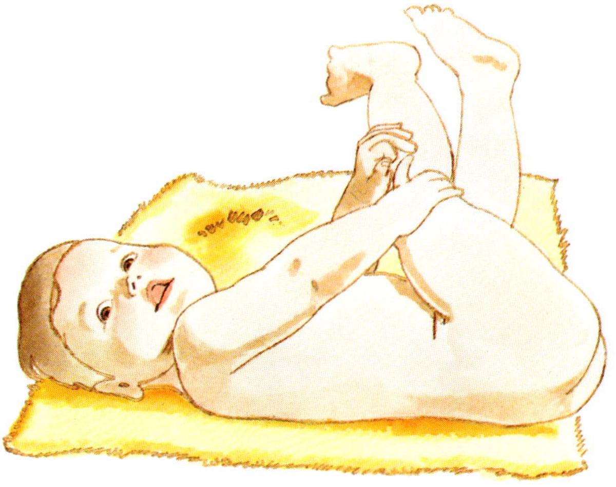

Bébé se sent aimé et protégé. Il commence à trouver la vie agréable. Il suit des yeux ses parents, il leur sourit.

Bientôt, bébé s'aperçoit qu'il a des mains, il les observe en gazouillant. Il aime être tout nu, gigoter et jouer avec ses pieds !

Un peu plus tard, il apprendra à aller sur le pot, et il deviendra propre.

Maintenant bébé ne passe plus toute la journée dans son berceau. Il reste assis des heures entières au milieu de ses jouets. Et le jeu pour lui est un plaisir. Arrivera-t-il à empiler ses cubes les uns sur les autres ? Pourra-t-il enfiler les gros anneaux sur leur bâton ?

Quand un jouet tombe loin de lui, il va le chercher, car il sait se déplacer à quatre pattes. Il avance très vite. Bientôt, il s'aperçoit qu'il peut tenir sur ses jambes, comme papa et maman. Et un beau jour, avec beaucoup d'efforts, il marche tout seul ! Ses parents le félicitent, ils sont contents de voir qu'il se débrouille sans leur aide. Maman lui apprend à manger seul, à s'habiller. Mais il est encore petit, il a besoin de caresses. Il n'est vraiment heureux qu'avec papa et maman.

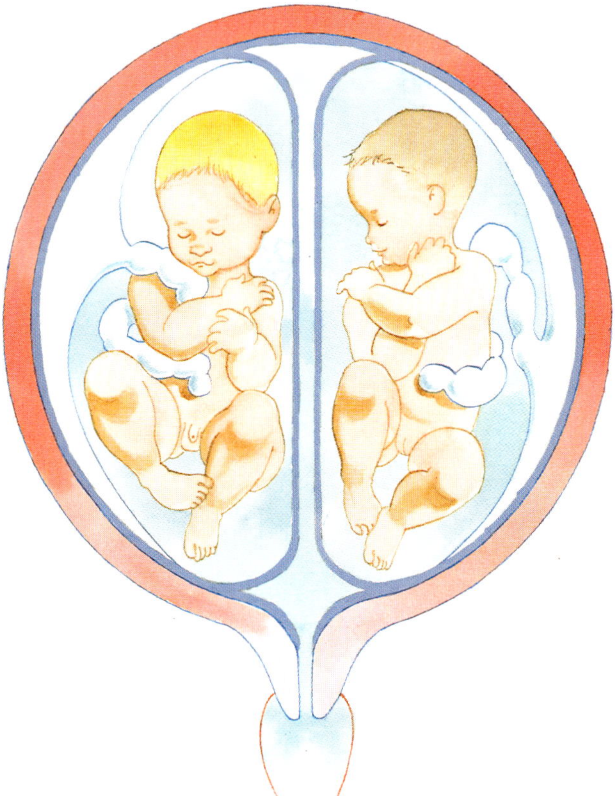

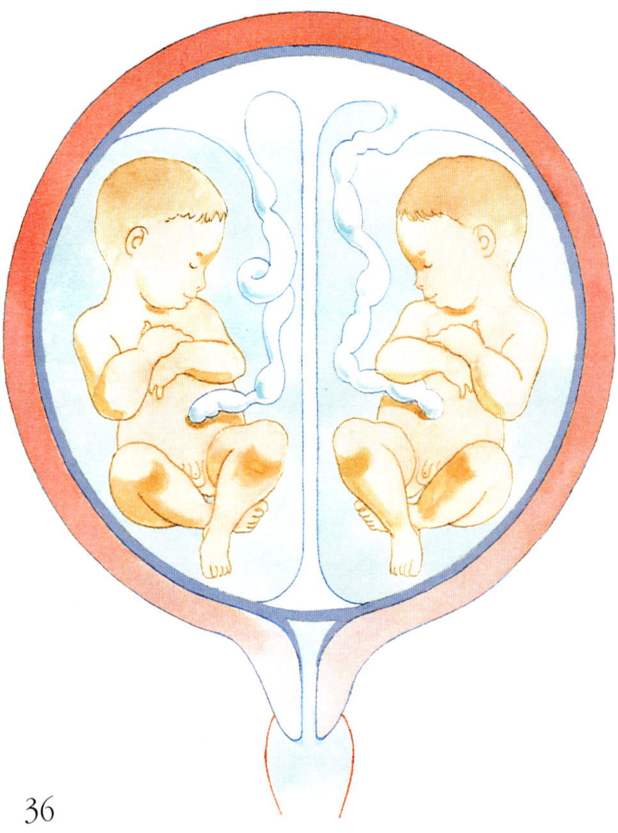

– Voilà dit Perlinpinpin, vous savez comment est créé un enfant. Toutefois, il y a peut-être des choses qui vous paraissent étranges. Par exemple, le fait qu'il y ait des jumeaux.

Là, Amandine et Florent qui ont écouté passionnément depuis le début de l'histoire, ont un pincement au cœur et ne peuvent s'empêcher de s'exclamer :
– Oh ! oui ! des jumeaux ! explique-nous, Perlinpinpin, comment on devient des jumeaux ?
– Eh bien, c'est qu'un jour, poursuit Perlinpinpin, il y avait dans le ventre de maman non pas un ovocyte mais deux, qui étaient sortis de l'ovaire en même temps. Chaque ovocyte a rencontré un spermatozoïde, et deux œufs se sont formés. C'est ce qu'on appelle des faux jumeaux. Il arrive aussi, mais c'est très rare, que non seulement deux ovocytes, mais plusieurs, se trouvent dans l'utérus. Alors plusieurs œufs se forment. Mais, quand ils sont trop nombreux, ils n'ont pas assez de place pour grossir, et les enfants naissent trop petits et trop faibles pour vivre. Cependant, il y a des parents qui ont réussi à avoir jusqu'à cinq enfants nés ensemble.

Mais il y a une autre façon d'être des jumeaux. Ceux-là on les appelle des vrais jumeaux, parce qu'ils proviennent d'un même ovocyte qui a rencontré un spermatozoïde et que cet œuf se coupe en deux pour donner deux œufs parfaitement identiques, qui vont grossir chacun de son côté. Ces jumeaux-là sont du même sexe et se ressemblent beaucoup.

Pour la naissance de jumeaux, l'accouchement est plus long. Il arrive aussi que le bébé ne sorte pas la tête la première mais en présentant ses fesses.

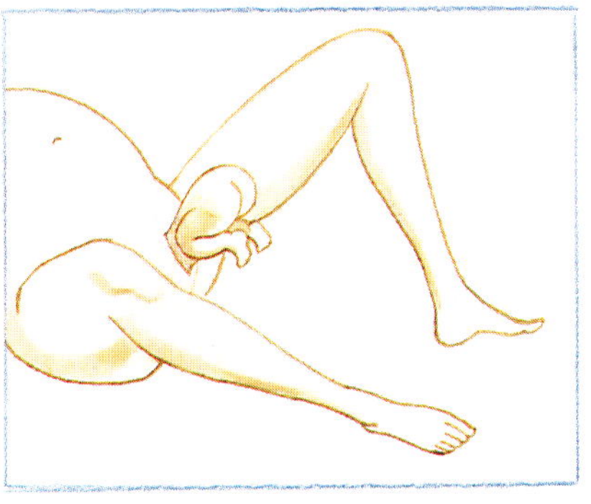

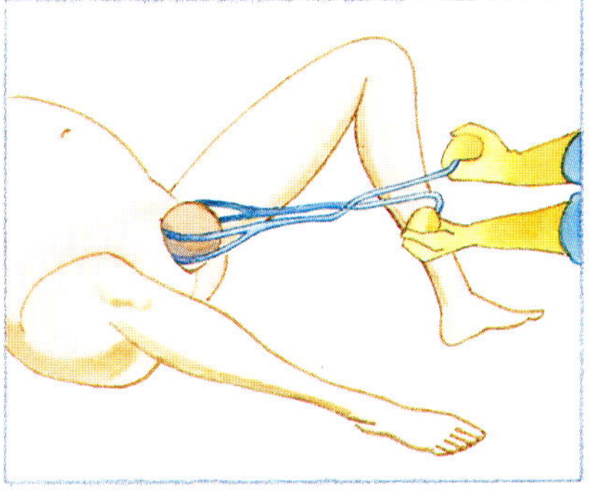

Parfois la tête ne veut pas sortir. Dans ces cas-là, le médecin utilise un instrument qui ressemble à deux grandes cuillers avec lesquelles il tire la tête du bébé.

Si le bébé n'a pas du tout la place de passer, il faut endormir la maman et pratiquer une intervention chirurgicale qu'on appelle une césarienne. Le bébé sort alors par une ouverture pratiquée sur le ventre. Ce n'est pas dangereux et cela se passe très vite.

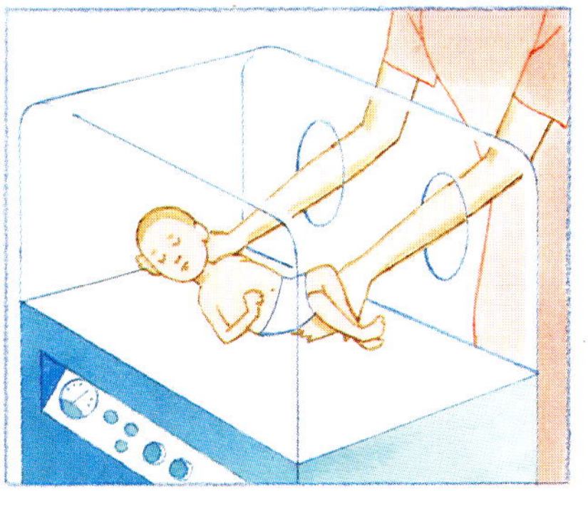

Il arrive également que certains bébés naissent avant la fin de la grossesse, au bout de sept ou huit mois. Ces bébés-là sont encore fragiles. On doit les placer dans une espèce de nid appelé une couveuse. Là, ils sont au chaud comme dans le ventre de maman, ils sont protégés des microbes, et au bout de quelques semaines, ils pourront dormir normalement dans un berceau.

– Bon, dit Perlinpinpin, nous approchons de la fin de notre histoire. Vous voyez comme moi que le bébé a grandi. Il est devenu un vrai petit garçon ou une vraie petite fille.

Un jour, ses parents décident de l'emmener à l'école maternelle. Le premier jour, il est peut-être triste de les quitter. Mais il s'habitue vite à vivre avec d'autres enfants. Il y en a des bruns, des blonds, il y a des petits enfants noirs, et des petits Arabes ou d'autres avec des yeux bridés qui viennent d'Asie. Et c'est amusant de voir toutes ces différences.

Pendant la classe, les enfants s'amusent, apprennent à reconnaître des objets, à les manipuler, sans se faire mal. Ils inventent de nouveaux jeux, racontent des histoires, posent des questions.

La maîtresse leur apprend à dessiner, à former des lettres. Pendant la récréation, elle organise des jeux, elle chante des chansons, elle parle avec chacun d'eux.

Le soir, à la maison, papa et maman demandent au petit écolier ce qu'il a fait dans sa journée. Et il a chaque soir de nouvelles choses à leur raconter, car il fait sans cesse des progrès.

Perlinpinpin dit au revoir aux enfants. L'histoire est finie. Florent et Amandine rangent leur cassette.
– C'était super, dit Florent en se blottissant contre maman.
– Extra, dit Amandine, qui préfère se suspendre au cou de son papa... Et puis, Perlinpinpin, qu'est-ce qu'il en sait des choses !

Papa et maman sourient ; ils sont heureux de voir que leur cadeau a fait plaisir aux enfants.
– Bon, c'est bien beau tout ça, dit papa, mais moi j'ai faim. Et le repas que j'avais préparé doit être froid maintenant. Or vous ne devinerez jamais le plat ex-tra-or-dinaire que j'avais cuisiné.
– Un poulet aux écrevisses ! crient en chœur maman, Florent et Amandine.
– Comment avez-vous pu deviner ? dit papa en riant de bon cœur.

Ce n'était pas difficile. Papa ne sait rien préparer d'autre. Mais pour le poulet aux écrevisses, il est fort. Même maman n'en fait jamais d'aussi bon. Et tout le monde s'installe joyeusement autour de la table. On parle encore de la vie sexuelle. Les enfants ont plein de questions à poser. Au moment de se servir, tous voient arriver, cahin-caha, Jules César, la tortue de Florent et Amandine.

– Pauvre Jules César, on t'avait oublié, dit Amandine qui s'empresse de poser l'animal sur la table et lui sert de la salade dans une assiette. La tortue semble satisfaite. Elle agite la tête de droite à gauche, ce qu'elle fait toujours quand elle est heureuse, et elle dévore sa part.

– Et les animaux ? demande Florent qui est curieux, comment font-ils pour avoir des bébés ? Est-ce qu'ils font aussi l'amour ?

– Tous les animaux font l'amour, dit maman. Les oiseaux, les chiens, les chats, tous.

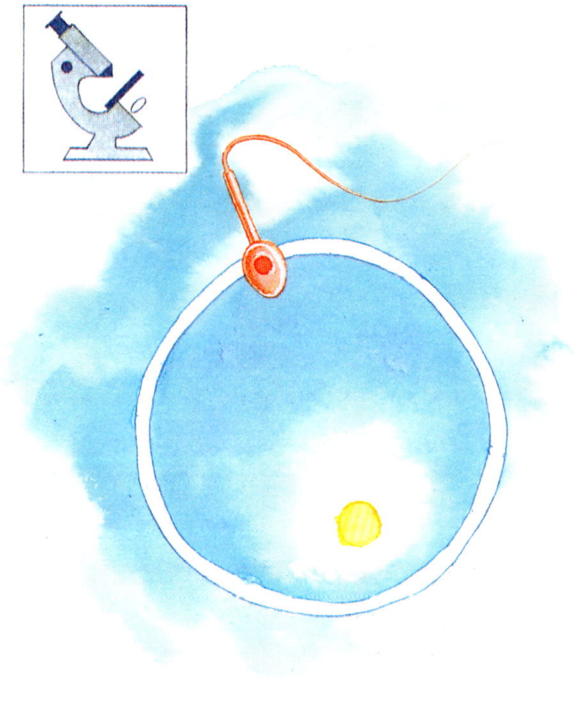

– Ils ont aussi des sper... des sper...

– Des spermatozoïdes, dit maman. Oui, bien sûr. Les spermatozoïdes du mâle pénètrent dans le vagin de la femelle et un bébé se formera qui grossira dans le ventre de la maman. Après, quand le bébé est assez grand, la maman peut le mettre au monde. Les chiennes, par exemple, ont des mamelles pour nourrir les chiots.

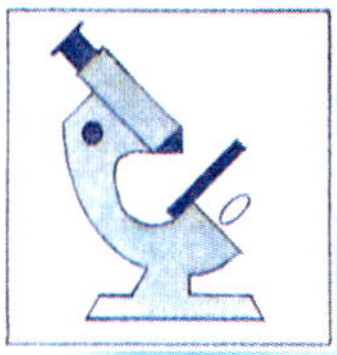

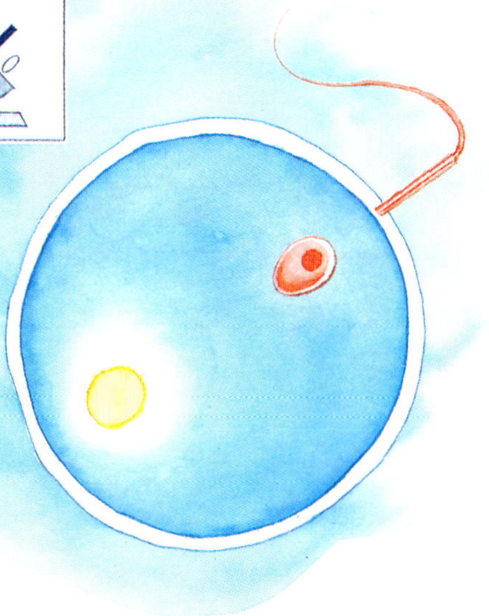

– Et les poules alors, et les oiseaux, comment ça se fait qu'ils aient des œufs ? demande Florent.

– Chez la poule, la chose se passe de la même façon, sauf que les bébés sont protégés par une coquille.

Le coq a des testicules et un petit organe qui lui permet de déposer les spermatozoïdes dans la poule. Celle-ci a des ovaires. Les spermatozoïdes du coq, lorsqu'il s'accouple avec sa femelle, vont aussi à la rencontre des ovocytes. Il y a beaucoup d'ovocytes mûrs, et il se forme un grand nombre d'œufs. Mais la poule pond les œufs avant que le poussin soit formé.

Les œufs sont protégés par la coquille et, pour les maintenir au chaud, la poule se couche dessus ; on dit qu'elle couve. Le poussin se développe dans l'œuf. Quand son bec est devenu assez dur, il brise la coque de l'œuf et sort. Il est déjà assez fort pour courir et chercher des graines à manger.

– Et Jules César, il pourrait aussi avoir des bébés ? demande Amandine.

– Bien sûr qu'il pourrait, s'il voulait, dit Florent. Sauf qu'il lui faudrait une femme.

Maman et papa rient de les voir si enthousiastes.

– Et pour les fleurs, poursuit papa, il y aussi des mâles et des femelles. Parfois les deux se trouvent sur le même pied, comme pour le maïs ; d'autres fois sur des pieds différents, comme pour le dattier.

Prenez une fleur. Vous pouvez la couper dans le sens de la longueur ; et vous trouvez un assemblage de petits éléments : ici, les étamines et là, le pistil. Dans le pistil, il y a les mêmes petites têtes d'épingle que dans les ovaires de la femme : ce sont des ovocytes. Cette poudre jaune, qui couvre les étamines, c'est le pollen.

Lorque les grains de pollen entrent dans le pistil, chaque grain se mélange avec un ovocyte et il se forme une graine. La graine dans le fruit, c'est le noyau. Autour de cette graine se développe un fruit qui représente un nouvel individu : le « bébé » de la plante. Certains fruits ont plusieurs petits noyaux, les pépins.

Le jardinier sème la graine dans la terre. Et, même s'il n'y a pas de jardinier, le vent emporte les graines qui s'enfoncent toutes seules. Après quelques jours ou quelques semaines, la graine grossit, et une petite plante toute neuve se forme, pousse et sort de terre. Quelque temps après, la plante nouvelle fleurit, et tout recommence.

Florent et Amandine en restent bouche bée. Tout de même, le monde est une chose bien merveilleuse. Perlinpinpin avait raison.

Le repas s'achève dans le plus invraisemblable brouhaha. Tout le monde parle en même temps, rit, chante des chansons. Et pour finir, papa prend une photo où l'on voit Florent et Amandine qui soufflent de toutes leurs forces pour éteindre les bougies plantées sur le gâteau d'anniversaire. Il y en a au moins quatorze !

Imprimé en Italie par Canale à Turin
N° d'éditeur : 19437
ISBN : 2.7242.5153-9
Dépôt légal : janvier 1991